उड़ान

भावनाओ की अभिव्यक्ति

श्रद्धा चिराग भट्ट

ISBN 979-8-88749-975-8

श्री गणेशाय नमः

कुंठित मन बड़ा विकल

समय बड़ा विकराल

छा रहा चारों ओर भ्रम का मायाजाल

गूंज रही दसों दिशाएँ

भय की चीत्कार से

प्रचंड तांडव हो रहा

भयभीत हम इस हाहाकार से

उम्मीद का दामन थाम

सहारा उसका लो

शांत मन से हे मानव!

उनका स्मरण करों

संदेह को छोड़

उनपर ही ध्यान धरो

हे विघ्नहर्ता!

हमारे सारे विघ्न हरो

मेरे पापा

सीखा है आपसे हमने
हर चुनौती का करना सामना।
पाने मंजिल को अपनी
जुनून की हद तक जाना।
अपनों का हर एहसास
सदा दिल से समझना
भूत भविष्य का छोड़ विचार
वर्तमान में खुलकर जीना
धैर्य और उत्साह से
हर कसौटी को पार करना
आपके लिए क्या लिखूँ मैं
आपकी शख्सियत ही
ऐसी थी पापा!
जिसे नामुमकिन है
शब्दों की सीमा में बांधना
खुशनसीब है वो
जिन्हें मिला है
आपके सानिध्य में रहना
अंत में बस यही आरजू है हमारी
समक्ष न सही, परोक्ष ही सही
आपकी स्नेह वर्षा से हमें
सदा सराबोर रखना

अनुक्रमणिका

संतुष्टि

रोष

उम्मीद

उत्साह

(१)

सुनहरी शाम में

सुनहरी शाम में

जब हम - तुम हो साथ

हमारे अरमानों की

एक मुलाकात होने दो......

महकता है मेरा मन

एक तेरे नांम से

तेरे आलोक की दीप्ति से

मुझे दमकने दो......

(२)

जब साथ तेरा हो

मयस्सर हो सैलाब

या किनारा हमें

तेरी बाहों की पनाह हो...

ख्वाहिश बस इतनी है

ज़िन्दगी में हर पल

साथ तेरा हो......

(३)

कर्म योद्धा

इतिहास है गवाह

कर्म योद्धा, हाथों की

रेखाओं पर भरोसा नहीं करते......

खुद पर कर यकीन,

अपना वजूद स्वयं है गढ़ते......

शनि, मंगल की बातें,

ढोंगी ही है करते...

भाग्य तो स्वयं लेता

उनका सहारा जो,

कर्म से अपनी

किस्मत है बदलते...

(४)

चाँद ज़मीं पर

फौलादी इरादों को

फिर से जगाया जाए......

हिम्मत और हौसलों से चलो

आज चाँद को ज़मीं पर लाया जाए......

(५)

कर्मठ

कर्मठ, खुद पर यकीं है करते

हाथ की लकीरों में नहीं है उलझते

किस्मत, भाग्य सब है छलावा

इनको कोई बदल नहीं पाया

गीता का संदेश, मार्गदर्शक हमारा

कर्मानुसार फल निश्चय ही मिलता

हौसला हो बुलंद तो हासिल होगी मंजिल

स्वयं पर कर भरोसा,

जीत ले हर बाजी जिन्दगी की...

(६)

मेहनत का पसीना

छोड़ आए है नाकामयाबी की कब्र पर

फूल मायूसी के.........

ख़्वाहिशों की बगिया अब सिंचित होगी

मेहनत के पसीने से.........

(७)

जिजीविषा

चिर कर तम का सीना

देख! अरुणोदय हो रहा

पेट भरने को पाखी

कैसे आगे बढ़ रहा

देख इनकी जिजीविषा

कसौटी का हौसला भी

डगमगा रहा

मिल ही जाएगी मंजिल

ये सवेरा भी यही कह रहा

(८)

आदि शक्ति

सदियों से ये होता आया

नारी मन कोई समझ न पाया

उल्लेखित इतिहास में भी

वीणा ये कोई झंकृत न कर पाया

इक सीता जो चली पिया संग

वन में भी वो रंगी पिया रंग

स्वामीभक्ति का उसने फल

अग्निपरीक्षा के रूप में पाया

वो द्रौपदी जो धर्म के नाते

बँट के रह गई वस्तु हो जैसे

निष्ठा थी धर्म पर जिसकी

चीरहरण उसके भाग्य में आया

वो नारी जो घर की धूरी

समग्र विश्व है जिसका ऋणी

दीन - हीन न समझो उसको

ऋण माँ का कभी चूक न पाया

वो तो है लक्ष्मी स्वरूपा

ज्ञान की देवी सा ना कोई दूजा

धरे जो आदि - शक्ति काया

प्रचंड वेग में जग जाएगा समाया

सौम्यता और उदारता

है जिसकी पहचान

उस शक्ति - स्वरूपिणी को

हमारा शत -शत प्रणाम

(९)

किसी को कम न आंको

श्रेष्ठता के इम्तिहान में

किसी को कम मत आंको

दूसरों से तुलना न कर

अपने-अपने हुनर में झांकों

(१०)

तोहफ़ा मोहब्बत का

फूल, गिफ्ट और पत्र

ज़रूरी नहीं

इश्क जताने के लिए......

एक दूजे की आँखों में

ज़रूरी होता है

प्रेम और आदर

दोनों के लिए......

तोहफ़ा मोहब्बत का

बस इतना सा हो

जान से भी ज्यादा कीमती

महबूब का स्वाभिमान हो—

(१)

माँ की मोहब्बत

माँ, तुम कितनी दूर क्यों न हो

हर पल होता है

तुम्हारी मौजूदगी का एहसास

मेरे बचपन को बनाया है

तुमने खास

पहनाया है तुमने हमें

अपनी ममता का लिबास

आज जिस मुकाम पर है हम

तुम्हारा ही आशीर्वाद है और विश्वास……

(२)

माँ

जितना खूबसूरत शब्द

उतना ही खूबसूरत एहसास

हमारी हर जरूरत का

होता जिसे आभास…

ममता की मूरत,

वात्सल्य का सागर

अपनी संतान को देखते ही,

जिसका वजूद जाता निखर…

संतान के लिए

अपना सब कुछ करती अर्पित

जो सिर्फ परिवार के लिए

ही समर्पित…

घर और परिवार को

एक-सा संभालती

आज की माँ

मल्टीटास्किंग है कहलाती…

आज उसका जीवन

रसोई तक नहीं सीमित

सपनों को पूरा करने,

वो विश्व है नाप आती...

मगर, उसका मन तो

बच्चों के इर्द-गिर्द ही रहता

मानो, उनके प्रेम की

परिधि में ही घूमता रहता

बस एक ही सपना

जिसकी आंखों में है पलता

रहे वो दुनिया के

किसी भी कोने में

सुकून तो उसको

अपनों से ही है मिलता......

सुकून तो उसको

अपनों के साथ ही है मिलता

(३)

पहली नज़र

उसकी सादगी

ने मोह लिया है

मुझे इस कदर

ज्यों ही पडी

उस पर नज़र

झुक गया

इबादत में सर.........

(४)

तुम वो हकीकत हो

आईना भी छुपा लेता है

जब हकीकत मेरी

मेरी शख्सियत बयां करती है

आँखे तेरी

ईमानदारी से जताता है

जो वजूद मेरा

तुम वो हकीकत हो

जिसमें नज़र आता है अक्स मेरा

(५)

पहला सावन

रिमझिम सी फुहारे सावन में आए

ललनाओं के मन को

छेड़, छेड़ जाए

पिया की सलोनी मूरत

मन में बसाए

हाथों में मेहंदी

बड़े प्यार से रचाए

चंचल मन में ये

आस है जगाएं…

हिना के, चोखे रंग का असर

प्रियतम पर भी छाए

हाथों की लालिमा

उनके दिल में उतर जाए और

वही प्यार का रंग

उनकी मांग में सज जाए……

(६)

मुकम्मल इश्क़

दोनों का वजूद

हो जिसमें समाया,

बिना शर्तों के

हो जिसे अपनाया,

न बदले तुम, न मैं यहाँ

इश्क़ वो ही मुकम्मल है

अपना किरदार जहाँ दोनों ने,

ईमानदारी से हो निभाया

(७)

पहला ख़त

ख़ामोशियों का आलम छाया था

लब निशब्द थे, मगर नज़रों ने राज़ खोला था…

जब अरमान, तडप रहे थे बयां होने को

तब कागज - कलम ने साथ निभाया था……

इश्क की स्याही में डूबे अल्फाज़ों ने

मन की व्यथा को पन्ने पर उतारा था

प्रेम के रंगों से सजाकर, प्रियतम !

प्यार का पहला खत जब तेरे नाम लिखा था……

(८)

इम्तिहां इश्क़ की

माना,

महफिल में शमा

तुझसे ही रोशन है......

मगर,

रोशन करने शमा को

ये परवाना रोज़ वहाँ

खाक हुआ करता है......

(९)

सुरूर

न ज्ञान रहे न भान मुझे

तज दूँ मैं ये दुनिया सारी

तेरे इश्क का सुरूर छाया है ऐसा

भूल गई मैं सारी दुनियादारी......

(१०)

तमन्ना का संसार

प्यार ने सहेज कर रखा मुझे

मेरी तमन्नाओं को

पंख दिए बंधन नहीं

इंद्रधनुषी रंगों से

रच दिया मेरा संसार

मेरे वजूद को भी

विस्तृत किया समेटा नहीं

(११)

अच्छा लगता है जब

अच्छा लगता है जब

कोई ऐसे ही खुशियाँ बांटता है

स्वार्थ के इस दौर में

अपनेपन से रिश्ते निभाता है.........

(१२)

उम्मीद हमसफ़र से

उम्मीद हमसफ़र से

बस इतनी है

बेगैरत सी ज़िंदगी में

तेरा साथ मिले

हर तरफ जब घटाएं

निराशा की छाई हो

तेरे कांधे का सहारा

मेरी ढाल बने......

जब भी मेरे ख्वाब

परवाज़ पाना चाहे

तेरी चाहत पंख बन

उन्हें उड़ने दे

मेरी खुशियों की कुंजी,

तेरा प्यार है

बस इसी की पनाह में

मुझे रहना है

(१३)

मातृत्व

जब अपना ही अक्स

हाथों में आया

अपनी ही रचना पर

मुझे प्यार आया

ये एहसास

शब्दों से बयां न होगा

आंखों से छलकते

आँसुओं में

वो नज़र है आया

स्त्रीत्व को पूर्ण कर

मातृत्व की ओर

आज मैंने कदम है बढ़ाया

अपनी संतान को देखा जब

खुशी से मेरा

मन है भर आया

(१४)

दिल देकर देखो

गुस्ताखियाँ कहती हैं

इन निगाहों की

गिरफ्तार करने को बेकरार है

जिसके लिए,

मुकम्मल इश्क बेपरवाह सा,

दिल देकर देखो तो सही,

हाजिर है सदा तुम्हारे लिए......

(१५)

दो पल की यारी

दो पल की यारी में,

सब कुछ कर देता है अर्पण

हार कर भी जीत जाता है

वो फूल,

दिखा देता है

इस स्वार्थ से भरी दुनिया को

निस्वार्थ प्रेम का दर्पण...

(१६)

कमसिन सी रात

प्यार | 41

सन्नाटे पर सवार

आरोही सी रात

बदलने लगी

तस्वीर फ़िज़ा की

इस सूनेपन में भी

कुछ तो खास है बात

शांति का दौर है छाया

ज्यों ही झींगुरों ने छेड़ा तराना

बदली की ओट से

आफताब है मुस्कुराया

(१७)

सेहरा

मेरी खुबसूरत आँखों में

समाया है इश्क गहरा

मेरी कमसिन मुहब्बत ने

लगाया बेकल जज़्बातों पर पहरा

मेरी पलकों की चिलमन में मगर

तेरा हर एहसास हैं ठहरा

आरजू है अब तो बस यहीं

जल्द से जल्द आ जाए

प्यार मेरा, बांध के सेहरा.........

(१८)

उसकी याद

जब जब उसकी याद

दिए सी जलती है

मेरी कमसिन मुहब्बत

शमा सी पिघलती है

(१९)

अर्धांगिनी

तृषा तेरे प्यार की

मेरी आँखों से है

झलकती

साँसों की तरह तु मेरे

रोम रोम में है बसती

अर्धांगिनी का साकार

रूप है तु

तुझ बिन कुछ नहीं

मेरी हस्ती

(२०)

रिश्ता ऐसा होना चाहिए

रिश्ता ऐसा होना चाहिए

जहां प्यार ही नहीं

दोस्ती भी हो,

हर बात कहने की

आजादी हो,

सुख ही नहीं दुखों की भी

साझेदारी हो,

हर कसौटी पर खरा उतरने की

जिम्मेदारी हो……

(२१)

तन्हाई के हर मौसम में

अंतस में विरह की

वेदना जगी है

तेरे न होने से दिल में

एक हूक सी उठी है

मानस पटल पर छाया जो

तेरी स्मृतियों का जाल है

तन्हाई के हर मौसम में

बस तेरा ही ख्याल है

(२२)

तेरी यादों में

हाथों में लिए किताब न जाने कब

ज़िन्दगी के पन्ने पलटने लगे हम……

तेरी यादों में कभी डूबते तो कभी

उबरते रहे हम……

समय की धारा में ऐसे बहे कि

बंद किताब को भी शिद्दत से

पढ़ते रहे हम……

(२३)

थपकी माँ की

थपकियाँ ममतामयी

कब स्पर्श करेंगी

सुकून की नींद आएगी तभी

जब माँ वात्सल्यता

अभिव्यक्त करेंगी

(२४)

तेरे छूने भर से

तेरे छूने भर से

खिल जाती हूँ मैं

तेरे नाम से ही

सँवर जाती हूँ मैं

और एक नज़र से तुम्हारी

निखर जाती हूँ मैं

(२५)

महकती यादें

चंदन का हर हिस्सा

खुशबू लिए बंटता है

फूल का हर कतरा

सुगंध लिए बिखरता है

कुछ लोग जुड़ जाते हैं

यु ही वजूद से

अलग होकर भी हर समा,

उनकी यादों से महकता है......

(२६)

मेरे ख्याल

मेरे ख्याल तितलियों से,

डाल- डाल उड़ते है सभी

तो कभी कश्ती बन,

नाप आते है समंदर की गहराई

ख्याल है मन के मेरे

बेपरवाह से

कल्पना लोक में विचरण है करते,

महसूस न करते कभी तन्हाई

(२७)

दिल से दिल तक

ज़ुबान से निकला हर लफ़्ज़

करता है इकरार

मेरे दिल से जुड़ा

तेरे दिल का हर तार...............

हर आरज़ू हो पूरी,

कोई कामना न रहे अधूरी

वचन दे हम

जिसका साक्षी होगा

हमारा प्यार......

जैसे भी है,

अपनाएं एक दूजे को,

बिना शर्त के

तभी खुशियों से परिपूर्ण होगा

तेरा मेरा संसार......

(२८)

अथाह प्रेम

तेरा अथाह प्रेम

निश्छल सा

पूर्ण करता अस्तित्व को मेरे......

मेरे जीवन का हर छोर

सिंचित हो रहा

प्यार की बारिश से तेरे...

बस चाह यही

कोई कोर रिक्त न रहे

तेरे नेह से......

मैं जियूं धरा सी समर्पित

और मेरी ज़िन्दगी में

विस्तृत आकाश सा तु रहे......

(२९)

स्पर्श

अनकहा सा

एहसास है मातृत्व का

अल्हड़ता को

परिपक्वता में बदलता

कोमल और नाजुक इतना

पहले स्पर्श से ही

अनमोल डोर से

जो बंध जाता.........

संतुष्टि

(१)

मोह माया के बंधन में

मोह माया के बंधन में

कब तक तु उलझेगा

सब रह जाएगा यहीं धरा

सोच तु क्या पाएगा

ईश्वर के उपहार को

समझ न पाया तु

व्यर्थ के प्रलोभन में

खुशियाँ ढूँढता रह गया तु

मरकर क्या तु फिर से जी पाएगा??

छोड़कर जाना ही पड़ेगा

यहाँ जो भी तु पाएगा

फल वही मिलेंगे तुझे

बीज जो बोएगा

मोह माया के बंधन में

कब तक तु उलझेगा

सब रह जाएगा यहीं धरा

सोच तु क्या पाएगा

(२)

मेरे मुट्ठी भर शब्दों का खज़ाना

मेरे मुट्ठी भर शब्दों का खज़ाना

सर्द रातों में इश्क की

तपिश से गर्मा जाता है......

चिलचिलाती धूप में एक नज़्म बन

कपकपा जाता है मन को मेरे......

कभी अवसाद के क्षणों में

हौसला दे जाता है

तो कभी ताजे फूलों की मुस्कान

होंठों पर सजा जाता है......

जिन्दगी को देता नया मोड़,

एक नया आगाज

अन्तर्मन की भावनाओं को व्यक्त करता

मेरा हर अल्फाज़......

(३)

दूसरों की ज़िन्दगी

दूसरों की ज़िन्दगी में

कांटे बोने वाले

खुद की झोली भी झांक जरा

काँटों के बदले क्या पाएगा

जीवन चक्र है

जो देगा वही सामने आएगा

(४)

पानी और ज़िन्दगी

पानी की तरह बह जाने दो

ख़्वाहिशों को...

हर बाधाओं को खुद ही

पार कर लिया जाएगा......

पानी की तरह ढल जाओं

हर रूप में

रंग जाओं हर रंग में,

जीवन स्वत: ही गुज़र जाएगा

(५)

मन के भाव

मन के भाव

होते है तितलियों से

कभी रंग बिरंगे

तो कभी धुंधले से

बिखर जाने दो

निखर जाने दो

बह जाने दो इनको

उन्मुक्त गगन में पतंगों से

न बांधों इनको

रस्मों रिवाज के दायरे में

रोशन करने दो जहाँ

टिमटिमाते जुगनुओं से

(६)

काश

आज भी है ज़िन्दगी का

बस इतना सबब यारों.........

हर 'काश' से मिलता है यहाँ

जीवन का सबक यारों.........

कर भरोसा खुद पर

हँसती, खेलती, मुस्कुराती ज़िन्दगी में

एक दौर ऐसा भी आता है

लगता है मानो कुछ नहीं यहाँ अपना

सब कुछ बेगाना सा लगता है.........

नकारात्मकता की खोल में

जब वजूद छुप जाता है

दोपहर में भी दिन की तब

अंधेरा सा छा जाता है......

तब छोड़ न देना साथ खुद का,

क्योंकि हो भरोसा खुद पर तो

उम्मीद का दिया जल जाता है......

हौसलों से बढ़े मंजिल की ओर तो

बंजर से भी फल निकल जाता है......

हिम्मत रख तु जीवन में

गरल पिता है जो जीवन में

वहीं ज़मीन पर

गंगाजल बहाता है......

(८)

कसौटी

कसौटी ज़िन्दगी की

यु ही चलती रहेगी……

कभी उलझती तो कभी

सुलझती रहेगी……

ईश्वर के प्रसाद सा जो

मान लिया इसे

बिना शिकवा शिकायत के

खुशी से ये

गुजरती रहेगी……

(९)

मेरा गाँव मेरा शहर

खेतों के बीच गुजरती

छोटी सी पगडंडी

भरी दुपहरी महसूस करते

अमिया की बयार ठंडी - ठंडी

परिवार से रहते सभी

गाँव वाले मन से सीधे,

होते भोले - भाले

शहरों में बडी - बडी अट्टालिकाएं

लगती आसमान को छूती सी

चारों ओर कोलाहल,

जिन्दगी मानो शांति को तरसती सी

गली - मोहल्ले एक दूजे से बेगाने

पडोसी भी बने रहते, यहाँ अनजाने

भागती जिन्दगी में

ठहराव की कमी है

सब कुछ होकर भी जैसे

कुछ भी नहीं है फिर भी...

उन्नति के लिए

गाँवों से शहर ही आया जाता है

शहरी भी मन की शांति

गांवों में ही पाता है

रोष

(१)

दुनिया का सामना करो

ज़िन्दगी है तुम्हारी

लोगों के लिए इसे बदलना क्यों

दुनिया क्या कहेगी सोचकर

मन की अवमानना करना क्यों

जीवन का हर पल

जीना ही तो जीना है

एक पल की मौत से

ज़िन्दगी भर डरना क्यों

हर ख्वाहिश को पूरी कर

ले मज़ा खुशियों का

मंजिल पाने को अपनी

कर सामना दुनिया का

कलम की आवाज़

यह ज़रूरी नहीं कि

हर बार शोर मचाया जाए...

आओ, कलम से निकले अल्फ़ाज़ों से

आवाज़ उठाई जाए......

(३)

सशक्त नारी

अबला जो थी कल तक

आज शख्सियत है उसकी अपनी भी

घर की चारदीवारी में कैद जो थी

उन्मुक्त गगन में अब उडना है जानती...

चुप रखकर कल तक जिसके

ख्वाबों को रौंदा जाता था

अब हर सपना उसके ही दम से

मुखरित हो परवाज़ है पाता......

माना, आज भी नारी को

मुकम्मल जहाँ नहीं मिलता, मगर

जो कभी ज़मी के लिए तरसती थी

उसे अब आसमां छूने का मौका है मिला...

नारी का बदलता जीवन ही है, जिससे

आज महिला की सशक्त पहचान है

क्यूँ रहे वो किसी के सहारे,

नारी खुद अपने जीवन की रचनाकार है...

(४)

आगाज़

रोष | 73

आगाज़ है ये नव चेतना का

नव स्पन्दन का, नव मंथन का

उधेड़ा जाएगा इतिहास यहाँ

तार छिड़ेगा, स्मृति - पटल का

हमने, नन्ही कलियों को

पर तो दिए परवाज़ के लिए

मगर, इन चंचल भंवरों को

नजरिया क्यूँ दे न सके

शिक्षाएँ भी सारी क्यों

महिलाओं के लिए

क्यूँ हमने सारे समझौते भी

नारी के नाम लिख दिए

दहलीज पार करते ही इनके

लोलुपता का लंगर लगता

मिठी, चिकनी बातों से

हर कोई इनका मन छलता

आत्मसम्मान के लिए अब इन्हें

स्वयं ही लड़ना होगा

खुद को स्थापित करने हेतु

गार्गी, सावित्री, श्रद्धा, सूर्या जैसी

स्वयं ही बनना होगा

आगाज़ में स्वर मुखरित कर

अपना परचम लहराना होगा......

(५)

कर्तव्य रचनाकार का

कर्तव्य है हर रचनाकार का

कितनी धार है उसकी लेखनी में

वो ये तय करें

अपने शब्दों से पूछे

कितने जज़्बात जोड़े इसने

या कितनी दबी, कुचली

चिंगारियों को हवा दी

कितनी उम्मीदें थी जिनको

फिर से उठने की प्रेरणा दी

पूछो एक बार अपनी रचना से

बदलने को समय की दिशा

वो किस हद तक जाएगी

बेख़ौफ़ अभिव्यक्त कर भावों का

वो कितने जीवन संवारेगी......

(६)

लाल रंग

इस लाल रंग को

क्या नाम दिया जाए

धर्म या मज़हब

इसे क्या पहचान दी जाए

प्रकृति के रूप अनेक

क्यों न इन्हें

एक बंधन में बांधा जाए

टूटी हुई पंखुड़ियां

क्यों न इन्हें फूलों का

रूप दिया जाए

बिखरे हुए मोतियों को

क्यों न एक धागे में

पिरोया जाए

क्यों न सभी को

एक नाम दिया जाए

(७)

धर्मयुद्ध

धर्मयुद्ध की उस घड़ी

ठगा सा खड़ा पार्थ

अपनों का विध्वंस करने

शास्त्रों से सज्ज है उसके हाथ

जिनकी गोदी में पला - बढा

जिसने जीवन मर्म बताया

वे पिता तुल्य भीष्म पितामह

कैसे देगा उनको घात

गुरु द्रोण ने विद्या सिखाई

क्या जाएगी उन पर ही आज़माई

ये धर्म नहीं अधर्म होगा

सोच ये काँपते उसके हाथ

देख उसकी मनोदशा

माधव ने दिखाई दिशा

रह जाएगा यही धरा

मान, ज्ञान, दान सब

काल (मृत्यु)करेगा स्वागत उसका

जो खड़ा अधर्म के साथ

आशाओं की भोर लाने

सूरज को भी निगलने पड़ते हैं

निशा की आँचल से लिपटे

टिमटिमाते से तारे, सितारे

असंख्य बलिदानों पर खड़ी

सृष्टि ये धर्म की

तभी होगा वो उजाला जिसमें

कोई किरण ना होगी

झूठ की, अधर्म की

(८)

अल्फ़ाज़

मन कर रहा है मेरा

मैं अपने गीत और ग़ज़लों से

कुछ गजब वाक्यात कह दूँ

जो झकझोर दे सबको

करें सोचने को मजबूर

ऐसे कुछ अल्फ़ाज़ लिख दूं...

(९)

बिकाऊ रिश्ते

रिश्ते जो बिक रहे

चवन्नियो के भाव में

स्वार्थी सभी मस्त है

अपने ही हाल में

मानो इंद्रधनुषी रंग भी बदले

श्वेत श्याम में

आँखे बंद किए

चले सब अपनी ही चाल में

मनमौजी भी मिला रहे सूर,

दूसरे की तान में

विनाश का ये पहला चरण

इसे रखना जरूर ध्यान में

बिना डगमगाए

जो संभला इस वक्त में

पढ़े जाएंगे कसीदे

उसकी ही शान में.........

(१०)

भूल गए चाहने वाले

हुक्मरान की बस्ती में सब

उगते सूरज को सलाम करते हैं

भूल जाते है चाहने वाले बस,

कहने को याद करते है

(११)

गरिमा

कुछ अनकही कहानियाँ होती है

लब सील जाते है

कई बाते जुबान तक आते आते

ठहर जाती है......

रिश्तों के बिखरने से पहले

पसन्द करता है वो खुद ही बिखरना

स्वयं तहस नहस होकर भी वो

बचा लेता है अपनो की गरिमा.........

(१२)

महकता प्रभात

जब पंछी कलरव करते है

अधखिली कलियाँ मुस्काती है

सात घोड़े पर होकर सवार जब

सूरज निकलता है

तब प्रभात महकता है!!

भोर की किरणें अलसाई सी

अपना आँचल सरकाती है

रात की बदरी को प्रेम से

अपने अंक में छुपा लेती है

तब उल्लास अंगड़ाई लेता हे

जब प्रभात महकता है!!

(१३)

ज़ख्म गहरा

माना कि

मुकम्मल न होगा ये इश्क मेरा

रिसता रहेगा तेरा दिया

हर ज़ख्म गहरा............

लाख कोशिशें नाकाम हुईं

अब तो लगाओ सनम

मेरी हर याद पर पहरा

अंतिम ही सही

एक काम तो कर दो

अधुरा जो छोड़ा है

वो ज़ख्म तो सिल दो......

(१४)

शिखर पर पहुंचना

शिखर पर पहुंचना

माना की इतना आसान नहीं

मगर मुमकिन भी होगा तभी

जब परवाज़ हो हौसलों की

बाज से भी उड़ान हो ऊँची

समय के साथ चलता हर कदम हो

और भरोसा हो खुद पर भी

तब लडती है किस्मत भी

अपने लिए बदल जाती है

हाथों की लकीरें भी............

(१५)

पथभ्रष्ट

हर पथभ्रष्ट करे ये मनन,

उस मासूम की जगह

गर होती उनकी बहन,

तो क्या ये कलुषित विचार

ला पाता उनका ज़हन

क्षण भर के लिए ही सही

गुनहगार ही नहीं

उसका परिवार भी

करें ये चिंतन......

(१६)

अनगिनत सिर रावणों के

न जाने कब तक मिलेगी

स्त्री होने की सजा,

न जाने और कितनी आबरू

तार - तार होगी यहाँ......

क्यों पनप रहे हैं

अनगिनत सिर रावणों के,

क्यूँ सीता सुरक्षित नहीं

राम के ही जहां में.........

माना हर बेटी होती है भगवती और सीता,

मगर तभी सुरक्षित होंगी ये

जब दी जाएगी,

हर बेटे को,

सतयुगी राम बनने की शिक्षा......

करुणा

(१)

दर्द में डूबे अल्फ़ाज़

हर सन्नाटे में

उठती एक आवाज़……

लफ्ज़ है खामोश मगर,

नैन बनें वाचाल ……

बयां करना चाहे ग़म,

दर्द में डूबे अल्फ़ाज़ ……

न जाने कब मिलेगी,

शब्दों को परवाज़……

(२)

मेरे पापा

कहते हैं

ज़िन्दगी कांटों से भरी होती है

पर मेरी राह कंटीली न थी

चुने जा चुके थे

जिन्दगी के कांटे सारे

मगर............

खुन से सनी हथेलियाँ

मेरे पिता की थी

(३)

चौखट पर खडी माँ

अपने सर्वस्व का

हकदार जिसे बनाया

रातों को जाग कर

उसके सपनों को

अपनी आँखों में सजाया

उसने नाता तोड़ लिया सबसे

पलभर में हमें भुला दिया

बूढे माँ-बाप को छोड़ गया

बसाली उसने अपनी नई दुनिया

मगर बिलखता हुआ उसका

बचपन तो यही रह गया

कमी है ये परवरिश की

या आज के दौर की

चौखट पर खडी माँ

यही सोच रही कबसे

(४)

ए वक़्त

ए वक़्त

दो पल तो दे साथ मेरा

अभी ये ज़माना रुसवा सा है

बर्फ़ सी जम गई है ख्वाहिशें मेरी

सब कुछ यहाँ ठहरा सा है

समेट रहे है खुद को अभी

जो यहाँ बिखरा सा है

(५)

अनजान हकीकत

बाग़ के किसी कोने में

घायल परिंदे सा फड़फड़ा रहा है

गुजरे जमाने याद कर

अपने दिल को बहला रहा है

उम्मीद कर रहा है कि सावन के झूले

फिर से लगाए जाएं

खिलखिलाकर बचपन फिर उसके

पत्तों में छुप जाए

कोई प्रेमी युगल छाया में बैठ उसकी

प्रेम भरे बतियाए

या पक्षी संध्याकाल में

घोंसलों में अपने सुकून पाए

अनजान हकीकत से वो

उम्मीद में जिया करता है

जीवन के अंतिम पड़ाव में

सूखे दरख्त को कौन कबूल करता है!!!!

(६)

ढलती शाम

दिन की ढलती शाम हो या

उम्र के अवसान के क्षण

जी चाहता है,

थोड़ा धीरे-धीरे जाए गुजर......

प्रारंभ से लेकर अंत पलों तक

जो भी था यादों का सफर

जी करता है,

फिर से जी ले मुख्तसर......

ए शाम!

थोड़ा धीरे-धीरे गुजर...

(७)

ज़िन्दगी का सफर

रिश्तों को सहेज ले जब तक है साथ

ज़िन्दगी के सफर में न जाने

कब चल दे छोड़कर हाथ......

प्रेम बदलाव नहीं समर्पण का है नाम

आज जो शीत है वो कल कैसे होगा ताप

दो पल की जिंदगानी में

न हो कल कि तरसते रहे करने को दो बात......

अपेक्षा और उपेक्षा के चक्रव्यूह में

न फंस कर रह जाए रिश्ते

ये युद्ध जीतकर भी हार ही होगी

तड़पकर भी न पाएगा एक मुलाकात.........

रिश्तों को सहेज ले जब तक है साथ

ज़िन्दगी के सफर में न जाने

कब चल दे छोड़कर हाथ......

आखिरी सलाम

माना कि अभी कई ख़्वाब थे मगर,

मुस्कुराती यादों को छोड़, मैं चला......

कौन रह पाया है यहाँ सदा के लिए

हजार खुशियां दामन में लिए, मैं चला.........

परिवर्तन तो है नियम प्रकृति का

कल तु भी होगा रुखसत, तो आज मैं चला......

निभाया है हर किरदार जिंदादिली से यारो!

उन्हीं खुशनुमा यादों की सौगात दिए, मैं चला.........

न रहना गमों की चादर लपेटे मेरे बाद

तुम्हारी मुस्कान में, मैं भी खिलखिलाउंगा सदा

बस! देकर ये वादा मैं चला............

(९)

मेरे भी कई ख़्वाब थे

रातों को वो आँखों में

सितारों से टिमटिमाते है

भोर होते ही यथार्थ के

धरातल से रूबरू हो जाते है

और फिर हम

सपनों की डोली से उतरकर

दो रोटी के जुगाड़ में

जूट जाते है

(१०)

ये वक्त

रेत सा फिसलता

एक पल को भी न ठहरता

यादों की सौगात देता

मुस्कुरा कर चल देता

ये वक्त ही तो है

जो गुजर जाता है बस,

कदमों के निशान छोड़ता......

(११)

सात फेरे

वो खूबसूरत शाम

न जाने किस रंग में रंगी थी

मेरे मन मंदिर में

कई कलियां सी खिली थी

सिंदूरी शाम का रंग

सज गया मांग में मेरे

एक दूजे के हुए हम,

लेकर सात फेरे

बदल गया पल भर में जीवन

चल पड़ी ये कली

महकाने एक और आंगन

(१२)

दर्द की ये बदली

फिर अस्मिता हुई शर्मसार

लगता है दूर कहीं

उड़ेल दी है शायद

शाम ने अपनी सांत्वनाएँ वहीं

खाली - खाली है सांझ आज

रंगहीन मानो ग़म में डूबी हुई

जब - जब अस्तित्व पर

चोट होगी कहीं

दर्द की ये बदली छटेगी नहीं

(१३)

ब्याह

मंगल गीतों से सजी महफिल में

तृप्त दो आँखें झाँकती

आँसुओं की चिलमन से

करने हर तमन्ना पूरी,

उसने लगा दिया

सब कुछ अपना दांव पर

मगर बेटी विदा कर पाया

वो दो जोड़ी कपड़ों में

झूठी उम्मीदें ही दे पाया वो

कन्या दान में

क्योंकि, पिता मजदूर था

कोयले की खान में

(१४)

आदत है मुझे

किरणों संग

आंख-मिचौली करने की

सर्द रातों में नंगे पैर

चलने की

घंटों बैठ तितलियों को

निहारने की

बेमतलब खिलखिलाने की

हर बात में सकारात्मकता ढूंढने की

आदत है मुझे परिपक्व वजूद में

एक नादान बचपन छिपाने की

कश्मकश

(१)

शक़ की आग

शक़ की आग में हमने

न जाने कितने घरों को जलते देखा है

गलतफहमियों के जाल में फ़सकर

बिखरते रिश्तों को देखा है

सालों का ऐतबार तिनके सा बिखर जाता है

उम्र ख़त्म हो जाती है

रिश्तों की फिर......

हमने ताश के पत्तों से

सपनों के महल को

शक की आग में ढहते देखा है

(२)

अपना वजूद

कौन हूँ मैं

जो भीड़ में भी खुद को

तन्हा पाता हूँ

बनावटी रिश्तों में

खुद को ढूंढता रहता हूँ

शायद समर्पण हूँ मैं

या फिर प्रेम हूँ

न जाने क्या हूँ जो

झूठे लोगो के बीच

अपना वजूद तलाशाता हूँ...

(३)

रिश्तों की कीमत

रिश्तों की कीमत

नहीं आंकी जाती.........

स्वार्थ के तराजू में ये

तोली नहीं जाती.........

सच्चे रिश्ते आशीर्वाद है ईश्वर का

दुआओं की कभी कीमत

लगाई नहीं जाती............

(४)

कोई नहीं चाहता

कोई नहीं चाहता

इस तरह तन्हा रहना

अपनों से दूर होकर

परायों बीच पलना

मजबूरियाँ, जिम्मेदारियों की है वरना......

कौन चाहता है

अपनी जड़ों से बिछड़ना......

(५)

ज़िन्दगी तो बित जाएगी

बस यादें ही रह जाएगी

उलझते रिश्तों को सुलझा लेते हैं

वर्ना दिलों में एक खलिश रह जाएगी

अधूरे संवाद बया हो जाने दो

नहीं तो बस अधूरी बातें रह जाएगी

हर पल को जीना सीखो यारों

न जाने कब फिर

ये ज़िन्दगी बीत जाएगी......

(६)

सहमा व्यक्तित्व

चलो! समेटकर वजूद के टुकड़े

एक नई शख्सियत बनाते है.........

डरे, सहमे से व्यक्तित्व को

हौसले और अपनत्व से सजाते है.........

(७)

एक दुनिया मेरी भी

दो दायरों में बटा ये जीवन

है कहीं मुक, सहनशील

तो कहीं अपने में गुम है

एक दुनिया तेरी है

जहाँ ऐशो-आराम में भी

आँसू है छलकते

एक मेरी दुनिया है यहाँ

आधा पेट खाकर भी

मुस्कुराते चेहरे

बात है संतुष्टि की, सुकुन की

गर ये है ज़िन्दगी में तो

किसी की भी हो दुनिया

खुशियों से है सजती

(८)

हसद

हसद(ईर्ष्या) की आग में जलकर

खाक हुए कई जज़्बात.............

जाल में इसके जो एक बार फंस गया

नहीं हो पाता फिर वो कभी आबाद.........

(९)

ईमान के गुनहगार

उससे पूछेंगे किसी दिन

क्यु स्वार्थ में अपने

इस कदर तुम डूब गए

पराए तो क्या अपनो के भी

जज़्बातों से तुम खेल गए

मत कर गुरुर

अपनी किस्मत पर

तुम जैसे कई थे

ईमान के गुनहगार यारो!

जो चमक रहे थे

आसमान पर तारों से

आज मोतियों से बिखरे पड़े है

ज़मीन पर……

(१०)

संस्कार

पहले खिलखिलाहट,

पहचान होती थी घर की

अब अपने में ही खोते,

ये मकान क्यों है......

हर बात माँ की राय से

जहाँ की जाती थी

आज वही माँ घर पर

बोझ क्यों है.........

पिता, घर की छत होते थे जहाँ

आज उनकी आंखों में पानी क्यों है......

जो संस्कृति

पहचान है हमारी

आज की पीढ़ी उसी से,

मुँह मोडती क्यों है

(११)

कैदखाने से आशियाने

न जाने कहाँ गए वो दिन

जब मुस्कुराती थी शामें

चहचहाते थे घर आँगन

आज अकेलेपन के दायरे में बंधे हम

कैदखाने से आशियाने

आँखें है खामोश

और मौन है ज़ुबान......

(१२)

हम कुम्हार अपनी माटी के

हम कुम्हार अपनी माटी के

हमने, अपना वजूद खुद बनाया

अनुभव की मिट्टी को,

समय की चाक पर घुमाकर

अवसरों की भट्टी में तपाया

तब कहीं जाकर

एक अदद व्यक्तित्व बन पाया......

उम्मीद

(१)

एक उम्मीद

माना की हर कोशिश मुकम्मल नहीं होती

हर सफर को मंजिल नसीब नहीं होती

मगर, उम्मीद की किरण ना होती

तो ये कायनात इस कदर टिकी न होती...

(२)

कोशिशें बेहिसाब थी

कोशिशें बेहिसाब थी

तभी टकराने को समन्दर से

हौसला है आया......

ज़िन्दगी की कश्ती ने

लहरों से जूझकर ही

आज ये मुकाम है पाया.........

(३)

ख़्वाब नहीं है ज़िन्दगी

खूबसूरत मुस्कुराते चेहरे जहां

पूरे होते हर सपने

ऐसा सजीला ख़्वाब

नहीं है ज़िन्दगी

यहाँ हौसलों की भट्टी में तपकर

सोने सा निखरना होता है

सब्जबाग से निकलकर

सच्चाई से रूबरू होना पड़ता है

(४)

जो परवाह करते है

वो सिंचते है हर फूल रिश्ते का

नेह की खाद देकर,

है सहेजते

किट जो लग गए कहीं

अहम् के तो,

अपने प्रेम से है दूर

कर लेते अपनत्व की

कंटीली बाड़ लगाकर

नज़र से दूसरों की बचाकर

प्रिय के पहरेदार भी बन जाते...

(५)

ज़िन्दगी के रंगीन चरण

ज़िन्दगी भी मौसम से

रंग बदलती अपने

ज़िन्दगी के रंगीन चरण

पल - पल बदलते सपने

वर्षा सा बचपन

झरनों सी बहती नादानियाँ

मस्तमौला बन सीखता

जीवन की रंगीनियाँ

बसंत सी जवानी

चारों ओर हरियाली ही हरियाली

ज़िम्मेदारियों की परिपक्वता संग

गीत गाती, गुनगुनाती गूंजती हँसी - ठिठोली

जाड़ों की सर्द हवाओं सा

होता उम्र का अगला पड़ाव

परिवार संग खुशियाँ बटोरता

आ जाता ज़िन्दगी में ठहराव

गर्मियों और पतझड़ का मिश्रण

जीवन का अंतिम चरण

उम्र भर का फल पाता,

फिर डूब जाता

मगर पुनः लौटता

बन, जिन्दगी की नई किरण

(६)

सुबह कहती है

मिटा दे सारे निशां रात के

कर स्वागत नई सहर का......

हटा कर उदास पलों को

कर शुरुआत नव जीवन का......

(७)

नए आसमा की तलाश

पंख के साथ उडने का

मौका दो

अपने बच्चों को उनकी ज़िन्दगी

जीने दो

एक बार गिरेंगे तभी तो

सम्भलेंगे

संभलकर, शायद

फिर गिरेंगे

तब हौसला बढाओ

उनका मगर

उन्हे दया का सहारा

कभी न दो

हिम्मत कर उन्हें खुद ही

उठने दो

जिस पेड़ को भी ज्यादा

सींचा जाता है

अन्दर ही अन्दर वो

सड़ जाता है

क्षितिज तक पहुंचेगे बच्चे

कभी न कभी

आसमाँ से ऊंचे ख्वाब उनको

देखने दो

न कुचलो पर उनके

नए आसमा की तलाश करने दो

(८)

परों को परवाज़

नाज़ुक रिश्ते तितलियों से

उड़ने दो उन्मुक्त गगन में.........

पाने दो नन्हे परों को परवाज़

न बिछड़ने की कर फिकर

तय कर उम्मीदों का सफ़र

लौट ही आएंगे फिर

तुम्हारी अपनत्व की छाँव में......

(९)

अहम् के शीशे

अहम् के शीशों में

हम कैद है इसकदर

अपनत्व के किसी भी रंग का

दिल पर होता नहीं असर

गहराई इश्क की भी

लगती है छिछली

अछूते ही रह जाते है

हर भाव मन के भीतर

स्वार्थ के धागों में

उलझते रिश्ते

समर्पित एहसास से भी

होते है बेअसर

त्योहारों के मौसम में

त्योहारों के मौसम में

इस बार क्यों न हो जाए कुछ अलग सा

हिन्दुस्तान दिखाई दे जाए

नए-नए रंगों में रंगा सा, खिला सा

जब ईद पर राम-रहीम मिलकर मीठी सेवइयां खाए

और दीपावली पर

रहमान के घर भी दिए जलाए जाए

जब होली के रंगों से

भीग जाए सलमा-राधा की चुनरिया

सतरंगी रंगों से सराबोर हो जाए

हर मोहल्ले की गलियाँ

आजादी के मस्तानों को याद कर

हर भारतीय की आँखें नम हो

धर्म या मज़हब की ना हो बात

सबकी जुबाँ पर सिर्फ़ हिन्दुस्तान हो......

(११)

कृष्ण और विदुर

ये धुंध जो छाई है हर जगह

सच्चाई की राह आती नहीं नजर

करो कुछ उपाय,

यु मुँह न फेरो तुम

धृतराष्ट्र के मौन को विदुर बन तोडो तुम.........

हट जाएगा गहराता हुआ धुआं

जो कृष्ण बन

उम्मीद की एक किरण दे दो तुम......

(१२)

कैनवास ज़िन्दगी का

ज़िन्दगी के कैनवास पर

हर रंग तु भर ले जी भरकर

सप्तरंगी छटा से ही

रंग लाएगा जीवन, निखरकर

(१३)

पतझड़ की तरह

पतझड़ की तरह

ये ग़म की बदली भी

छट जाएगी.........

मदमस्त खुशियों भरी

बसन्त ऋतु यकीनन फिर आएगी.........

खुद पर हो यकीन तो

हौसला रख

ये समय चक्र की है घड़ी

अगले पल ये भी बदल जाएगी

(१४)

उम्मीद की किरण

न खौफ कर अंधेरे का तु

गर उम्मीद की एक भी किरण साथ है

फ़लक तक जाएगा अफसाना तेरा

गर हौसलों से भरे तेरे जज़्बात हैं

फकत सोच से कुछ नहीं होता

मेहनत में है तेरा विश्वास

तो मुकद्दर तेरा, खुद तेरे हाथ हैं.........

* * * * * *